Cornelia Haas · Ulrich Renz

Minun kaikista kaunein uneni

わたしの　とびっきり　すてきな　ゆめ

Kaksikielinen lastenkirja

äänikirja ja video saatavilla verkossa

Käännös:

Janika Tuulia Konttinen (suomi)

Yumiko Saito, Koji Suda (japani)

Note for Students of Japanese

We use a set of simple Kanji in the Japanese text of the book, beside Hiragana and Katakana. For beginners these Kanji are transcribed with Hiragana characters.

Example: 見(み)

In the appendix you will find the entire text of the book using the complete Kanji character set, as well as a latin transcription (Romaji) and a table of Hiragana and Katakana.

Have fun with this wonderful language!

Sefa Publishing

Äänikirja ja video:

www.sefa-bilingual.com/bonus

Ilmainen pääsy salasanalla:

suomi: **BDFI1518**

japani: **BDJA1910**

Lulu ei pysty nukahtamaan.
Kaikki muut näkevät jo unta –
hai, elefantti, pieni hiiri,
lohikäärme, kenguru, ritari,
apina, lentäjä. Ja vauvaleijona.
Myös nallen silmät painuvat jo
melkein kiinni ...

Hei nalle, otatko minut mukaan
uneesi?

ルルは　ねむれません。
ほかの　ぬいぐるみたちは　もう
夢(ゆめ)を　見(み)ています——
サメや　ぞう、小(こ)ネズミ、
ドラゴン、カンガルー、
騎士(きし)、さる、パイロット。
それに、赤(あか)ちゃんライオン。
くまの　目(め)も　もう
とじかかっています。

くまさん、夢(ゆめ)の　中(なか)へ
つれてってくれるの？

Ja niin jo on Lulu Nalle-Unimaassa. Nalle kalastaa Tagayumi-järvellä. Ja Lulu ihmettelee, kuka tuolla ylhäällä puissa mahtaa asua?
Kun uni päättyy, tahtoo Lulu seikkailla vielä lisää. Tule mukaan, menemme käymään hain luona! Mistä se mahtaa nähdä unta?

すると もう ルルは、くまの 夢(ゆめ)の 国(くに)の 中(なか)。
くまは タガユミ湖(こ)で 魚(さかな)を つっています。ルルは びっくり、
あの 木(き)の 上(うえ)に だれが すんでいるのだろう？夢(ゆめ)が おわる
と、ルルは もっと 見(み)たくなりました。
いっしょに おいでよ、サメのところへ いこう！どんな 夢(ゆめ)を
見(み)ているのかなあ？

Hai leikkii hippaa kalojen kanssa. Vihdoinkin hänellä on ystäviä! Kukaan ei pelkää hänen teräviä hampaitaan.
Kun uni päättyy, tahtoo Lulu seikkailla vielä lisää. Tulkaa mukaan, menemme käymään elefantin luona! Mistä se mahtaa nähdä unta?

サメは 魚(さかな)たちと 鬼(おに)ごっこをしています。やっと 友(とも)だちが
できたのです! だれも サメの とがった 歯(は)を こわがりません。
夢(ゆめ)が おわると、ルルは もっと 見(み)たくなりました。
いっしょに おいでよ、ぞうのところへ いこう! どんな 夢(ゆめ)を
見(み)ているのかなあ?

Elefantti on kevyt kuin höyhen ja pystyy lentämään! Pian se laskeutuu taivasniitylle.

Kun uni päättyy, tahtoo Lulu seikkailla vielä lisää. Tulkaa mukaan, menemme käymään pienen hiiren luona! Mistä se mahtaa nähdä unta?

ぞうは 羽毛（うもう）のように かるくなって、飛（と）ぶことができます！
ちょうど 空（そら）の 草（そう）げんに おり立（た）つところです。
夢（ゆめ）が おわると、ルルは もっと 見（み）たくなりました。
いっしょに おいでよ、小（こ）ネズミのところへ いこう！ どんな 夢（ゆめ）を 見（み）ているのかなあ？

Pieni hiiri katselee tivolia. Eniten hän pitää vuoristoradasta.
Kun uni päättyy, tahtoo Lulu seikkailla vielä lisää. Tulkaa mukaan, menemme käymään lohikäärmeen luona! Mistä se mahtaa nähdä unta?

小(こ)ネズミは　えん日(にち)を　たのしんでいます。
一(いち)ばんの　おきにいりは　ジェットコースター。
夢(ゆめ)が　おわると、ルルは　もっと　見(み)たくなりました。
いっしょに　おいでよ、ドラゴンのところへ　いこう！どんな　夢(ゆめ)を
見(み)ているのかなあ？

Lohikäärmeellä on jano tulen syöksemisestä. Mieluiten se haluaisi juoda kokonaisen limonadijärven tyhjäksi.

Kun uni päättyy, tahtoo Lulu seikkailla vielä lisää. Tulkaa mukaan, menemme käymään kengurun luona! Mistä se mahtaa nähdä unta?

ドラゴンは　火(ひ)を　たくさん　ふいたので、　のどが　かわいています。
レモネードの　湖(みずうみ)を　ぜんぶ　のみほせたら　さいこうだな。
夢(ゆめ)が　おわると、ルルは　もっと　見(み)たくなりました。
いっしょに　おいでよ、カンガルーのところへ　いこう！どんな　夢(ゆめ)を　見(み)ているのかなあ？

Kenguru hyppii läpi makeistehtaan ja ahtaa pussinsa täyteen. Vielä lisää sinisiä karkkeja! Ja lisää tikkareita! Ja suklaata!

Kun uni päättyy, tahtoo Lulu seikkailla vielä lisää. Tulkaa mukaan, menemme käymään ritarin luona! Mistä se mahtaa nähdä unta?

カンガルーは あまい おかしの こうじょうを ぴょんぴょん とびまわって、
ふくろいっぱいに つめこんでいます。あおい あめ玉(だま)を もっと
たくさん！ ぺろぺろキャンディーも もっと！ それに チョコレートも！
夢(ゆめ)が おわると、ルルは もっと 見(み)たくなりました。
いっしょに おいでよ、騎士(きし)のところへ いこう！ どんな 夢(ゆめ)を
見(み)ているのかなあ？

Ritari käy kakkusotaa unelmiensa prinsessan kanssa. Ooh! Kermakakku menee ohi!

Kun uni päättyy, tahtoo Lulu seikkailla vielä lisää. Tulkaa mukaan, menemme käymään apinan luona! Mistä se mahtaa nähdä unta?

騎士(きし)は あこがれの 夢(ゆめ)の 王女(おうじょ)さまと トルテ投(な)げ
遊(あそ)びをしています。おっと！クリームトルテは あたりませんでした！
夢(ゆめ)が おわると、ルルは もっと 見(み)たくなりました。
いっしょに おいでよ、さるのところへ いこう！どんな 夢(ゆめ)を
見(み)ているのかなあ？

Kerrankin apinamaassa on satanut lunta! Koko apinajoukko on riemuissaan ja pelleilee.

Kun uni päättyy, tahtoo Lulu seikkailla vielä lisää. Tulkaa mukaan, menemme käymään lentäjän luona, mihin uneen hän on mahtanut laskeutua?

ついに さるの 国(くに)に 一(いち)どだけ 雪(ゆき)が ふりました！
さるたちは われを わすれて 大(おお)さわぎ。
夢(ゆめ)が おわると、ルルは もっと 見(み)たくなりました。
いっしょに おいでよ、パイロットの ところへ いこう！どんな 夢(ゆめ)に
ちゃくりくしたのかなあ？

Lentäjä lentää ja lentää. Maailman loppuun ja vielä eteenpäin tähtiin asti.
Siihen ei ole vielä kukaan toinen lentäjä pystynyt.
Kun uni päättyy, ovat kaikki jo hyvin väsyneitä, eivätkä he tahdo enää seikkailla niin paljon. Mutta vauvaleijonan luona he haluavat vielä käydä.
Mistä se mahtaa nähdä unta?

パイロットは　どんどん　飛(と)んでいきます。せかいの　はてまで、さらに
もっと　とおく星(ほし)ぼしのところまで。そんなことを　やりとげた
パイロットは　ほかにいません。
夢(ゆめ)が　おわると、みんな　もう　くたくたで、もう　そんなに　たくさん
見(み)たくありません。それでも　赤(あか)ちゃんライオンのところへは
いきたいな。どんな　夢(ゆめ)を　見(み)ているのかなあ？

Vauvaleijonalla on koti-ikävä ja se haluaa takaisin lämpimään, pehmoiseen petiin.
Ja muut myös.

Ja siellä alkaa ...

赤(あか)ちゃんライオンは　ホームシックにかかって、あたたかい
ふわふわの　ベッドに　もどりたがっています。それに　ほかの　みんなも。

そして　これから　はじまるのは……

... Lulun kaikista kaunein uni.

……ルルの
とびっきり　すてきな　夢(ゆめ)。

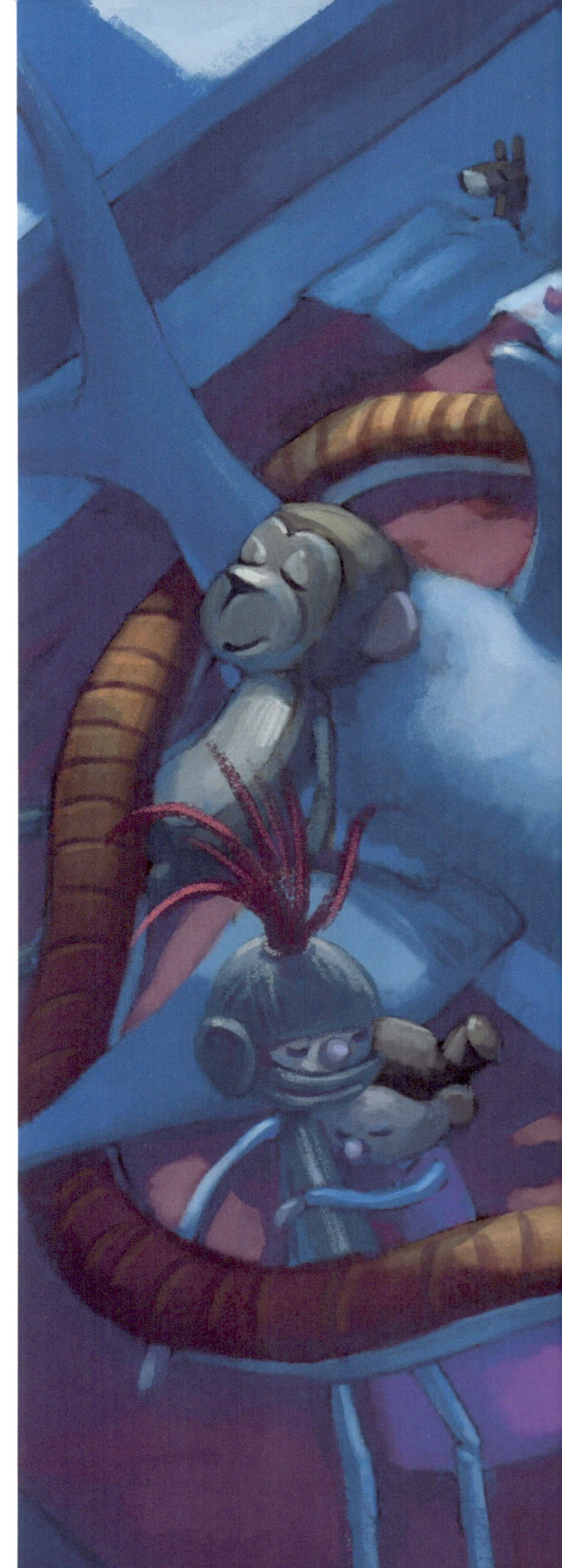

Kirjailijat

Cornelia Haas syntyi 1972 Ichenhausenissa Augsburgissa (Saksa). Hän opiskeli muotoilua Münsterin ammattikorkeakoulussa ja valmistui sieltä diplomi-muotoilijaksi. Vuodesta 2001 lähtien hän kuvittaa lasten- ja nuortenkirjoja, vuodesta 2013 lähtien hän opettaa akryyli- ja digitaalimaalauksen dosenttina Münsterin ammattikorkeakoulussa.

Ulrich Renz syntyi 1960 Stuttgartissa (Saksa). Hän opiskeli ranskalaista kirjallisuutta Pariisissa ja lääketiedettä Lyypekissä, sen jälkeen hän työskenteli tieteellisen kustantamon johtajana. Nykyään Renz on vapaa kirjailija, asiateosten lisäksi hän kirjoittaa lasten- ja nuortenkirjoja.

ローマ字一覧表　ヘボン式
Rômaji Table (Hepburn System)

ひらがな　Hiragana

あ a	い i	う u	え e	お o				
か ka	き ki	く ku	け ke	こ ko	きゃ kya	きゅ kyu	きょ kyo
さ sa	し shi	す su	せ se	そ so	しゃ sha	しゅ shu	しょ sho
た ta	ち chi	つ tsu	て te	と to	ちゃ cha	ちゅ chu	ちょ cho
な na	に ni	ぬ nu	ね ne	の no	にゃ nya	にゅ nyu	にょ nyo
は ha	ひ hi	ふ fu	へ he	ほ ho	ひゃ hya	ひゅ hyu	ひょ hyo
ま ma	み mi	む mu	め me	も mo	みゃ mya	みゅ myu	みょ myo
や ya		ゆ yu		よ yo			
ら ra	り ri	る ru	れ re	ろ ro	りゃ rya	りゅ ryu	りょ ryo
わ wa			を o				
ん n							
が ga	ぎ gi	ぐ gu	げ ge	ご go	ぎゃ gya	ぎゅ gyu	ぎょ gyo
ざ za	じ ji	ず zu	ぜ ze	ぞ zo	じゃ ja	じゅ ju	じょ jo
だ da	ぢ ji	づ zu	で de	ど do			
ば ba	び bi	ぶ bu	べ be	ぼ bo	びゃ bya	びゅ byu	びょ byo
ぱ pa	ぴ pi	ぷ pu	ぺ pe	ぽ po	ぴゃ pya	ぴゅ pyu	ぴょ pyo

カタカナ Katakana

ア a	イ i	ウ u	エ e	オ o				
カ ka	キ ki	ク ku	ケ ke	コ ko	キャ kya	キュ kyu	キョ kyo
サ sa	シ shi	ス su	セ se	ソ so	シャ sha	シュ shu	ショ sho
タ ta	チ chi	ツ tsu	テ te	ト to	チャ cha	チュ chu	チョ cho
ナ na	ニ ni	ヌ nu	ネ ne	ノ no	ニャ nya	ニュ nyu	ニョ nyo
ハ ha	ヒ hi	フ fu	ヘ he	ホ ho	ヒャ hya	ヒュ hyu	ヒョ hyo
マ ma	ミ mi	ム mu	メ me	モ mo	ミャ mya	ミュ myu	ミョ myo
ヤ ya		ユ yu		ヨ yo			
ラ ra	リ ri	ル ru	レ re	ロ ro	リャ rya	リュ ryu	リョ ryo
ワ wa			ヲ o				
ン n							
ガ ga	ギ gi	グ gu	ゲ ge	ゴ go	ギャ gya	ギュ gyu	ギョ gyo
ザ za	ジ ji	ズ zu	ゼ ze	ゾ zo	ジャ ja	ジュ ju	ジョ jo
ダ da	ヂ ji	ヅ du	デ de	ド do			
バ ba	ビ bi	ブ bu	ベ be	ボ bo	ビャ bya	ビュ byu	ビョ byo
パ pa	ピ pi	プ pu	ペ pe	ポ po	ピャ pya	ピュ pyu	ピョ pyo

Here is Lulu's story in a Kanji-enriched and a Romaji version.

The Romaji transcription uses a version of the Hepburn System.

ルルのお話を、たくさん漢字を使ったテキストとローマ字のテキストにしました。

ローマ字は、ヘボン式で書きました。

わたしの　とびっきり　すてきな　ゆめ
私　の　とびっきり　素敵な　夢
Watashi no　tobikkiri　sutekina　yume

ルルは　ねむれません。ほかの　みんなは　もう　ゆめを　みています。
ルルは　眠れません。　他の　みんなは　もう　夢を　見ています。
Ruru wa　nemuremasen。Hoka no　minna wa　mô　yume o　mite imasu。

サメや　ぞう、こネズミ、ドラゴン、カンガルー、きし、さる、パイロット。
鮫や　象、小鼠、　ドラゴン、カンガルー、騎士、猿、　パイロット。
Same ya　zô、konezumi、doragon、kangarû、kishi、saru、pairotto。

それに、あかちゃんライオン。くまのめも、もうとじかかっています。
それに、赤ちゃん　ライオン。熊の目も、もう　閉じかかっています。
Soreni、akachan　raion。Kuma no me mo、mô toji kakatte imasu。

くまさん、ゆめのなかへつれてってくれるの？
熊さん、夢の中へ連れてってくれるの？
Kuma san、yume no naka e tsuretette　kureru no ?

すると　もう　ルルは、くまの　ゆめのくにのなか。
すると　もう　ルルは、熊の　夢の国の中。
Suruto　mô　ruru wa、kuma no　yume no kuni no naka。

くまは　タガユミこで　さかなを　つっています。
熊は　タガユミ湖で　魚を　釣っています。
Kuma wa　tagayumi-ko de　sakana o　tsutte imasu。

ルル は びっくり、あの き の うえ に だれ が すんで いる の だろう？
ルル は びっくり、あの 木 の 上 に 誰 が 住んで いる の だろう？
Ruru wa bikkuri、 ano ki no ue ni dare ga sunde iru no darô？

ゆめがおわると、ルルは もっと みたく なりました。
夢 が 終わると、ルルは もっと 見たく なりました。
Yume ga owaru to、ruru wa motto mitaku narimashita。

いっしょに おいでよ、サメ のところへ いこう！
一緒 に おいでよ、鮫 の所 へ 行こう！
Issho ni oide yo、 same no tokoro e ikô！

どんな ゆめを みているのかなあ？
どんな 夢 を 見ているのかなあ？
Donna yume o mite iru no kanâ？

サメ は さかなたちと おにごっこを しています。
鮫 は 魚 たちと 鬼 ごっこを しています。
Same wa sakana tachi to oni gokko o shite imasu。

やっと ともだちが できた のです！
やっと 友達 が 出来たのです！
Yatto tomodachi ga dekita nodesu！

だれも サメの とがった はを こわがりません。
誰 も 鮫 の 尖った 歯を 怖がりません。
Dare mo same no togatta ha o kowagarimasen。

ゆめがおわると、ルルは もっと みたく なりました。
夢 が 終わると、ルルは もっと 見たく なりました。
Yume ga owaru to、ruru wa motto mitaku narimashita。

いっしょに おいでよ、ぞうのところへ いこう！
一緒に おいでよ、象 の 所 へ 行こう！
Issho ni oide yo、zô no tokoro e ikô！

どんな ゆめを みているのかなあ？
どんな 夢 を 見ているのかなあ？
Donna yume o mite iru no kanâ？

ぞうは うもうのように かるくなって、とぶことが できます！
象 は 羽毛 の 様に 軽くなって、 飛ぶ事 が 出来ます！
Zô wa umô no yô ni karukunatte、 tobukoto ga dekimasu！

ちょうど そらのそうげんに おりたつ ところ です。
ちょうど 空 の 草原 に 降り立つ 所 です。
Chôdo sora no sôgen ni oritatsu tokoro desu。

ゆめが おわると、ルルは もっと みたくなりました。
夢 が 終わる と、ルルは もっと 見たくなりました。
Yume ga owaru to、ruru wa motto mitaku narimashita。

いっしょに おいでよ、コネズミの ところへ いこう！
一緒 に おいでよ、小鼠 の 所 へ 行こう！
Issho ni oide yo、konezumi no tokoro e ikô！

どんな ゆめを みているのかなあ？
どんな 夢 を 見ているのかなあ？
Donna yume o mite iru no kanâ？

コネズミは えんにちを たのしんでいます。
小鼠 は 縁日 を 楽しんで います。
Konezumi wa en-nichi o tanoshinde imasu。

いちばんの おきにいりは ジェットコースター。
一番 の お気に入り は ジェットコースター。
Ichiban no okiniiri wa jettokôsutâ。

ゆめが おわると、ルルは もっと みたくなりました。
夢 が 終わる と、ルルは もっと 見たくなりました。
Yume ga owaru to、ruru wa motto mitaku narimashita。

いっしょに おいでよ、ドラゴンのところへ いこう！
一緒 に おいでよ、ドラゴンの 所 へ 行こう！
Issho ni oide yo、doragon no tokoro e ikô！

どんな ゆめを みているのかなあ？
どんな 夢 を 見ているのかなあ？
Donna yume o mite iru no kanâ？

ドラゴンは ひを たくさん ふいたので、のどが かわいています。
ドラゴン は 火を 沢山 吹いたので、 喉 が 乾いて います。
Doragon wa hi o takusan fuita node、nodo ga kawaite imasu。

レモネードの みずうみを ぜんぶ のみほせたら さいこうだ な。
レモネードの 湖 を 全部 飲み干せたら 最高だ な。
Remonêdo no mizu-umi o zenbu nomihosetara saikôda na。

ゆめが おわると、ルルは もっと みたくなりました。
夢 が 終わる と、ルルは もっと 見たくなりました。
Yume ga owaru to、ruru wa motto mitaku narimashita。

いっしょに おいでよ、カンガルーの ところへ いこう！
一緒 に おいでよ、カンガルーの 所 へ 行こう！
Issho ni oide yo、kangarû no tokoro e ikô！

どんな ゆめを みている のかなあ？
どんな 夢 を 見ている のかなあ？
Donna yume o mite iru no kanâ？

カンガルーは あまい おかしの こうじょうを ぴょんぴょん
カンガルーは 甘い お菓子の 工場 を ぴょんぴょん
Kangarû wa amai okashi no kôjô o pyonpyon

とびまわって、ふくろいっぱいに つめこんでいます。
飛び回って、 袋 一杯 に 詰め込んでいます。
tobimawatte、 fukuro ippai ni tsumekonde imasu。

あおい あめだまを もっと たくさん！
青い 飴 玉 を もっと 沢山！
Aoi ame dama o motto takusan！

ぺろぺろ キャンディーも もっと！
ぺろぺろ キャンディーも もっと！
Peropero kyandî mo motto！

それに チョコレートも！
それに チョコレートも！
Sore ni chokorêto mo！

ゆめがおわると、ルルは もっと みたくなりました。
夢 が終わると、ルルは もっと 見たくなりました。
Yume ga owaru to、ruru wa motto mitaku narimashita。

いっしょに おいでよ、きしのところへ いこう！
一緒に おいでよ、 騎士の所 へ 行こう！
Issho ni oide yo、 kishi no tokoro e ikô！

どんな ゆめを みている のかなあ？
どんな 夢 を 見ている のかなあ？
Donna yume o mite iru no kanâ？

きしは あこがれ の ゆめ の おうじょ さま と
騎士は 憧れ の夢 の王女 様 と
Kishi wa akogare no yume no ôjo sama to

トルテ なげ あそびを しています。
トルテ 投げ 遊び を しています。
torute nage asobi o shite imasu.

おっと！クリームトルテ は あたりません でした！
おっと！クリームトルテ は 当たりません でした！
Otto！ Kurîmutorute wa atarimasen deshita！

ゆめ が おわる と、ルル は もっと みたく なりました。
夢 が 終わる と、ルル は もっと 見たく なりました。
Yume ga owaru to、ruru wa motto mitaku narimashita。

いっしょに おいでよ、さる の ところへ いこう！
一緒に おいでよ、猿 の 所 へ 行こう！
Issho ni oide yo、 saru no tokoro e ikô！

どんな ゆめを みている の かなあ？
どんな 夢 を 見ている の かなあ？
Donna yume o mite iru no kanâ？

ついに さる の くに に いちどだけ ゆき が ふりました！
遂に 猿 の 国 に 一度だけ 雪 が 降りました！
Tsuini saru no kuni ni ichidodake yuki ga furimashita！

さるたちは われを わすれて おおさわぎ。
猿 達 は 我 を 忘れて 大騒ぎ。
Saru tachi wa ware o wasurete ôsawagi。

ゆめ が おわる と、ルル は もっと みたく なりました。
夢 が 終わる と、ルル は もっと 見たく なりました。
Yume ga owaru to、ruru wa motto mitaku narimashita。

いっしょに おいでよ、パイロットのところへ いこう！
一緒 に おいでよ、パイロットの所 へ 行こう！
Issho ni oide yo、pairotto no tokoro e ikô！

どんな ゆめに ちゃくりく した の かなあ？
どんな 夢 に 着陸 した の かなあ？
Donna yume ni chakuriku shita no kanâ？

パイロットは　どんどん　とんで　いきます。
パイロットは　どんどん　飛んで　行きます。
Pairotto　wa　dondon　tonde　ikimasu。

せかいの　はてまで、さらに　もっと　とおくのほしぼしのところまで。
世界 の　果てまで、更に　もっと　遠く の星々　の 所　まで。
Sekai　no　hate made、sara ni　motto　tôku　no hoshiboshi no tokoro　made。

そんな　ことを　やりとげた　パイロットは　ほかに　いません。
そんな　事 を　やり遂げた　パイロットは　他　に　いません。
Sonna　koto o　yaritogeta　pairotto　wa　hoka ni　imasen。

ゆめが おわると、ルルは　もっと　みたく なりました。
夢　が 終わると、ルルは　もっと　見たく なりました。
Yume ga owaru　to、ruru wa　motto　mitaku　narimashita。

もう　そんなに　たくさん　みたく　ありません。
もう　そんなに　沢山　　　見たく　ありません。
Mô　sonnani　takusan　mitaku　arimasen。

それでも　あかちゃんライオンのところへは　いきたい な。
それでも　赤ちゃん ライオンの所　へは　行きたい な。
Soredemo　akachan　raion　no tokoro e wa　ikitai　na。

どんな　ゆめを　みて いる のかなあ？
どんな　夢　を　見て いる のかなあ？
Donna　yume o　mite iru　no kanâ？

あかちゃんライオンは　ホームシックに　かかって、あたたかい　ふわふわの
赤ちゃん　ライオンは　ホームシックに　罹って、　暖かい　　ふわふわの
Akachan　raion　wa　hômushikku　ni　kakatte、atatakai　fuwafuwa no

ベッドに　もどりたがって います。それに　ほかの　みんなも。
ベッドに　戻りたがって　います。それに　他 の　みんなも。
beddo　ni　modoritagatte　imasu。Soreni　hoka no　minna　mo。

そして　これから　はじまる のは……
そして　これから　始まる　のは……
Soshite　korekara　hajimaru　no wa……

……ルルの　とびっきり　すてきな　ゆめ。
……ルルの　とびっきり　素敵な　　夢。
……ruru no　tobikkiri　sutekina　yume。

Väritätkö mielelläsi?

Täältä löydät kaikki tarinan kuvat väritettäviksi:

www.sefa-bilingual.com/coloring

Lulu suosittelee lisäksi…

Nuku hyvin, pieni susi

Lapsille yli 2-vuotiaiden

äänikirja ja video saatavilla verkossa

Timiä ei nukuta. Hänen pieni sutensa on kadonnut! Unohtuikohan se ulos?
Aivan yksin hän uskaltautuu pimeään yöhön – ja saa mukaansa odottamattomia vieraita....

Saatavilla kielilläsi?

► Katso „kielitaikahatustamme":

www.sefa-bilingual.com/languages

Villijoutsenet

Perustuen Hans Christian Andersenin satuun

ikäsuositus: 4-5. ikävuodesta eteenpäin

Hans Christian Andersenin „Villijoutsenet" ei ole syyttä yksi maailman luetuimmista saduista. Ajattomassa muodossaan se käsittelee inhimillisten näytelmien aiheita: pelkoa, rohkeutta, rakkautta, pettämistä, eroa ja uudelleen löytämistä.

Saatavilla kielilläsi?

▶ Katso „kielitaikahatustamme":

www.sefa-bilingual.com/languages

© 2023 by Sefa Verlag Kirsten Bödeker, Lübeck, Germany

www.sefa-verlag.de

Special thanks to Paul Bödeker, Freiburg, Germany

Font: Noto Sans

All rights reserved. No part of this book may be reproduced without the written consent of the publisher

ISBN: 9783739963167

www.ingramcontent.com/pod-product-compliance
Lightning Source LLC
LaVergne TN
LVHW070451080526
838202LV00035B/2799